voor

___

van

___

GROOTOUDERS

TERRA

M · I · L · K
MOMENTS INTIMACY LAUGHTER KINSHIP

Liefde is niets meer dan de ontdekking van onszelf in anderen, en de vreugde die in de herkenning ligt.

[ALEXANDER SMITH]

Streef naar de wijsheid die je vergaart met de jaren,

maar bekijk de wereld door de ogen van een kind.

[RON WILD]

Andere dingen kunnen ons veranderen,
maar we beginnen en eindigen met familie.

{ANTHONY BRANDT}

Sommige mensen laten onze zielen dansen.

[ANONONIEM]

Er bestaat geen groter wonder
dan een kind geboren te zien worden
Er bestaat geen indrukwekkendere overwinning
dan een zesjarig kind de kunst van het lezen te leren.
Er bestaat geen grotere kracht op aarde
dan de warme adem van een tandenloze oude oma.

[JAMES MCBRIDE]

Waar liefde is, is leven.

[MAHATMA GANDHI]

Word samen oud met mij, het **beste** moet nog komen.

[ROBERT BROWNING]

Pagina 2
© David Williams, Groot-Brittanië
In Newcastle in Engeland ontmoet peetvader David zijn een maand oude petekind Samuel voor het eerst.

Pagina's 4–5
© Deborah Roundtree, Verenigde Staten
Een oma geniet van het gezelschap van haar kleinkinderen op haar 85ste verjaardag in Yakima, Washington in de Verenigde Staten.

Pagina 6
© Cheryl Shoji, Canada
In Burnaby, Brits Columbia in Canada, troost de trotse oma Dorothy haar eerste kleinzoon.

Pagina's 8–9
© Quoc Tuan, Vietnam
Een opa en oma zijn helemaal betoverd door hun kleinzoon van een maand oud, geboren op de dag dat zij hun vijftigjarig huwelijksfeest vierden.

Pagina 10
© Lyn Dowling, Australië
Rebecca van twintig maanden en haar oma 'Ma' genieten samen van het simpele plezier van een straatfestival in Brisbane in Australië.

Page 11
© Katharina Brinckmeier, Nederland
In Braunschweig in Duitsland is de speciale band tussen Mayra van twee en haar oma Mutti van 92 vastgelegd op de foto.

Pagina 13
© Rajib De, India
Tito van drie treedt in de voetsporen van een 82-jarige professor op zijn middagwandeling door Calcutta in India.

Pagina 14–15
© Russell Shakespeare, Australië
Camille van vijf maanden heeft alle aandacht van haar publiek: haar moeder Toni, en haar grootouders Margaret en Handley, die op bezoek zijn.

Pagina's 16–17 en omslag voorzijde
© Guus Rijven, Nederland
Hoewel deze opa en zijn enige kleinkind 81 jaar verschillen, betekent dat niet dat ze niet kunnen spelen.

Pagina's 18–19
© Sayyed Nayyer Reza, Pakistan
Suman van negen jaar speelt met haar bejaarde vriendin en buurvrouw.

Pagina's 20–21
© Andrei Jewell, Nieuw-Zeeland
In de Indiase Himalaya's maken Norbu en zijn kleindochter een avondwandeling.

Pagina 23
© Roberto Colacioppo, Italië
In het bergdorpje Roccaspinalveti in Italië omhelst een overgrootmoeder haar achterkleindocter.

Pagina's 24–25
© Stephen Hathaway, Groot-Brittannië
Charles en zijn kleinzoon Richard zijn verwikkeld in een diep gesprek op het Soho Square in Londen.

Pagina's 26–27
© Juan P Barragán, Ecuador
Vier generaties van deze indianenfamilie uit Imbabura doen elkaars haar op de traditionele manier.

Pagina 28
© Dô˜ Anh Tuâñ, Vietnam
Oma en kleinkinderen houden een warme familiebijeenkomst buiten op de veranda van hun huis op palen, op de hoogvlakte van de provincie Quang Nam in Vietnam.

Pagina 29
© Ray Peek, Australië
Een nieuwe generatie leert de kunst van het veedrijven van het hoofd van de familie. 'Big' Morrie Dingle, een veehouder in South Queensland in Australië, en zijn twee kleinzonen zijn even afgestegen om te pauzeren en wat te eten.

Pagina's 30–31
© Herman Krieger, Verenigde Staten
Omringd door foto's van haar dierbaren haalt Frances van 92 herinneringen op aan haar gezinsleven thuis in Oregon in de Verenigde Staten.

Pagina 33
© Christopher Smith, Verenigde Staten
Van welke leeftijd dan ook, iedereen geniet van het dansen op een huwelijksfeest in North Carolina in de Verenigde Staten. De bruid leert haar oom Mac de pasjes.

Pagina's 34–35
© Yorghos Kontaxis, Verenigde Staten
Coney Island in New York - Zes vriendinnen hebben het zandstrand omgetoverd tot dansvloer, tot groot plezier van hun enthousiaste publiek.

Pagina's 36–37
© Steven Baldwin, Verenigde Staten
De hele familie is enthousiast over de vertolking van deze man van een populair liedje tijdens een diner op straat in het dorpje Pisoniano, vlak bij Rome.

Pagina's 38–39
© Rachel Pfotenhauer, Verenigde Staten
Omringd door hun familie vieren Jean en Paul hun vijftigjarige huwelijksfeest bij Lake Tahoe in Californië.

Pagina 40
© David Hancock, Australië
Samen genieten van de zon en de winkels tijdens een dagtochtje naar Manly, een buitenwijk aan de kust van Sydney in Australië.

Pagina 41
© Mikolaj Grynberg, Polen
In Warschau in Polen levert de 90ste verjaardag van Madame Falk het perfecte excuus voor een theekransje.

Pagina 42
© Andrew Danson, Canada
Sinds de zussen Rose en Florence rond hun 40ste allebei hun man verloren wonen ze samen in hun huis in Canada.

Pagina's 44-45
© Kamthorn Pongsutiyakorn, Thailand
Een oma met haar kleinkind in de achtertuin van hun huis in Chonburi, Thailand.

Pagina 46
© John Siu, Australië
In een straat in Noord-Vietnam laten een jong kind en haar oma zien hoe innig hun relatie is.

Pagina 47
© Mark Engledow, USA
Kitty, de zesjarige dochter van de fotograaf, gaat op haar tenen staan om haar opa Bert een kusje te geven in Bloomington, Indiana, Verenigde Staten.

Pagina 48
© Steve Hotson, Groot-Brittanië
De zussen Dorothy en Annie hebben zich tegenover een plattelandskerkje in Nottinghamshire in Engeland neergezet om een huwelijk te kunnen bekijken.

Pagina 49
© Stephen McAlpine, Australië
De bewonderende blik van een oma terwijl ze samen met haar familie het huwelijk van haar kleinkind viert in Brisbane in Australië.

Pagina 50
© James Fassinger, Verenigde Staten
Spiegelbeeld – Een identieke tweeling maakt een lentewandeling langs de oever van de rivier Vltava in Praag in Tsjechië.

Pagina 51
© Hazel Hankin, Verenigde Staten
Zo ziet het verstrijken der jaren er uit – de ervaringen van een lang leven zijn gegroefd in het gezicht van een Mexicaanse matriarch. Sereen zit ze in de kerk in Michoacán in Mexico zit, terwijl een kind zich tegen haar aan nestelt.

Pagina 53
© Sam Tanner, Groot-Brittanië
In East End in Londen viert een joods echtpaar hun 61-jarige huwelijk met plezier en een liefdevolle omhelzing.

Pagina's 54-55
© Ricardo Ordóñez, Canada
Liefde, respect en zestig jaar huwelijk binden man en vrouw Henri en Violet Mayoux. Ze wisselen een grappige blik uit voordat ze de feesttaart gaan aansnijden in Ontario in Canada.

Pagina 56
© Todd Davis, Verenigde Staten
Bob rijdt zijn vrouw Peggy naar hun huis in Houston, Texas, Verenigde Staten. Het stel is al 54 jaar getrouwd.

Pagina 57
© Sam Devine Tischler, Verenigde Staten
De fotograaf legde dit innige beeld van zijn opa Max, 86, en zijn oma Ann, 80, vast in New Port Richie in Florida in de Verenigde Staten.

Pagina's 58-59
© Al Lieberman, Verenigde Staten
Hun normale routine. Naast elkaar wacht een ouder echtpaar, inwoners van Sun City in Arizona, geduldig tot hun was droog is

Pagina 61
© Romualdas Požerskis, Litouwen
In een klein dorp in Litouwen verzamelen verschillende families zich voor hun eigen katholieke bedevaart. Na een dag feestvieren wensen twee oude familieleden elkaar goede reis voordat ze naar huis gaan.

De fototentoonstelling *The Family of Man* was het symbool van de jaren vijftig. Hierdoor geïnspireerd begon M.I.L.K. aan een epische, wereldwijde zoektocht om een collectie samen te stellen van bijzondere en geografisch verschillende beelden die de momenten van intimiteit, plezier en verwantschap van de mens vastlegden (Moments of Intimacy, Laughter and Kinship). Deze zoektocht kreeg de vorm van een fotografiewedstrijd — waarschijnlijk de grootste, en in ieder geval de meest ambitieuze in zijn soort die ooit gehouden is. Met een recordbrekende prijzenpot en vermaard Magnum-fotograaf Elliot Erwitt als voorzitter van de jury trok de M.I.L.K.-wedstrijd 17.000 fotografen uit 164 landen aan. Driehonderd winnende foto's werden gekozen uit de ruim 40.000 ingezonden foto's en vormden de basis van de M.I.L.K.-collectie.

De winnende foto's werden begin 2001 voor het eerst gepubliceerd in drie boeken, getiteld: Family, Friendship en Love. Ze zijn nu te vinden in een hele verzameling producten, verspreid over de hele wereld, in negen talen in meer dan twintig landen. De M.I.L.K.-collectie vormt ook de basis van een internationaal reizende tentoonstelling.

De M.I.L.K.-collectie laat onvergetelijke beelden van het menselijk leven zien, van de eerste breekbare momenten tot de laatste. Ze vertellen ons dat de rijke band die bestaat tussen familie en vrienden universeel is. De fascinerende en krachtige foto's, die veel verschillende culturen vertegenwoordigen, brengen gevoelens over die mensen van over de hele wereld ervaren. De grensoverschrijdende beelden van M.I.L.K. strekken zich uit over continenten om de kern van de mensheid te onthullen en te vieren.

www.milkphotos.com

Oorspronkelijke titel: Grandparents with love
Oorspronkelijke uitgever: PQ Publishers Limited,
Auckland, Nieuw-Zeeland
© 2004 PQ Publishers Limited. Published under
license from M.I.L.K. Licensing limited

Alle auteursrechten op de foto's zijn in het bezit
van de individuele fotografen die M.I.L.K.
Licensing Limited toestemming hebben gegeven
om ze te gebruiken.
Het citaat op de achterzijde van het omslag is van
Gail Lumet Buckley.

Nederlandstalige uitgave:
© 2004 Uitgeverij Terralannoo
e-mail: info@terralannoo.nl
www.terralannoo.nl

Uitgeverij Terra maakt deel uit van
de Lannoo-groep

Vertaling: Stephanie Rammeloo

ISBN 90 5897 167 8
NUR 370

Alle rechten voorbehouden.
Niets uit deze uitgave mag worden verveelvuldigd,
opgeslagen in een ge-automatiseerd
gegevensbestand en/of openbaar gemaakt, in enige
vorm of op enige wijze, hetzij elektronisch,
mechanisch, door fotokopieën, opnamen of enig
andere manier, zonder voor-afgaande schriftelijke
toestemming van de uitgever.